얻을 수도 없고
잃을 수도 없는

김용삼 신앙시집

쿰란출판사

얻을 수도 없고
잃을 수도 없는

시인의 말

눈뜬 눈먼 나에게

모든 날은 좋은 날이고

모든 일은 좋은 일이란 걸

해처럼 밝게 일깨워준

나의 사랑하는 구주와

나의 사모하는 모든 나에게

감사할 따름입니다

목차

시인의 말 5

제1부

새사람의 노래	_ 14
물속의 달	_ 16
은혜	_ 17
서로 사랑하라	_ 18
목사 김남규	_ 19
하나님의 밥상	_ 20
복된 인생	_ 22
은혜의 곳간	_ 23
연습	_ 24
착각	_ 25
믿음의 방주	_ 26
행복	_ 28
참사랑	_ 29

만남의 은혜	_ 30
숫자와 나	_ 32
부요한 신앙	_ 33
보물창고	_ 34
눈과 귀	_ 35
은혜와 평강	_ 37
분리감	_ 38
생명 신앙	_ 39
나는 생각을 믿지 않습니다	_ 40

제2부

생각의 종	_ 44
은혜의 바다	_ 45
소풍	_ 46
한 생각	_ 47
그대로 새사람	_ 48

순례자	_ 49
황금률	_ 50
허깨비 옛사람	_ 51
썩어지는 것들에 대하여	_ 53
믿음의 위로	_ 54
나를 살리는 기도	_ 55
외로운 당신에게	_ 56
십자가의 도	_ 57
내려놓음	_ 58
하나님이 우상이 아닌 까닭	_ 60
혀를 길들이는 법	_ 62
자유의 진리	_ 63
하나님을 볼 수 없어 믿을 수 없다는 사람들에게	_ 64
제물	_ 66
생명의 근원	_ 67
사랑	_ 68
그날은	_ 69

제3부

예배와 나	_ 72
가만히	_ 73
영광의 그리스도인	_ 74
거룩한 욕심	_ 75
믿음의 눈	_ 76
참 양식	_ 77
둘이 아닌 하나님	_ 78
사랑이 없다면	_ 80
속삭임	_ 82
응답 없는 하나님	_ 83
가난한 자는 복이 있나니	_ 85
거짓의 아비	_ 86
믿음의 여정	_ 87
시기하지 않는 법	_ 88
위대한 계략	_ 89
자기 부인	_ 91

진리에 대하여	_ 92
은혜를 입은 자	_ 94
구제에 대하여	_ 95
영생	_ 97
은혜로운 설교	_ 98
이별의 노래	_ 99

제4부

임마누엘	_ 102
일 없는 자	_ 103
저절로	_ 104
은혜의 단비	_ 105
어리석음	_ 106
생명의 삶	_ 107
고난의 위로	_ 108
참다운 용서	_ 109

나는 누구인가	_ 110
거룩한 물음	_ 111
기도의 사람	_ 112
양식	_ 113
자리	_ 114
평안을 주노라	_ 115
친절하라	_ 117
영적 싸움	_ 118
하나님의 일	_ 119
바른 신앙	_ 120
금송아지를 만드는 자들에게	_ 121
짓궂은 물음	_ 123
지혜의 눈	_ 124
순례자의 노래	_ 125

제1부

새사람의 노래

이제 나는 따로 없습니다
예수 안에 나만 있을 뿐입니다

이제 나는 예수께 나아갈 수 없습니다
이제 나는 예수를 사랑할 수 없습니다

예수께 나아갈 내가 있다면
아직 나는 예수 밖에 먼 데 있는 것이고

예수를 사랑할 내가 있다면
아직 나는 사랑 밖에 먼 데 있는 것입니다

예수와 함께 십자가에서 죽은 나
예수와 함께 죽음에서 다시 살아난 나

이제 예수께 나아갈 나는 없고
이제 예수를 사랑할 나도 없습니다

이제 나는 따로 없습니다
예수 안에 나만 있을 뿐입니다

물속의 달

생각을 붙드는 자는
물속의 달을 잡으려는
어리석은 자와 같다

잠깐 있다 사라지는
있는 듯 없는 생각은
없기에 붙들 수 없다

은혜

하늘은
동쪽과 서쪽으로 나눠지지 않는다
다만 이름으로
이쪽과 저쪽으로 나누는 것이다

인생은
은혜 아닌 게 없이 모든 게 은혜다
다만 생각으로
있음과 없음으로 나누는 것이다

심장이
우리 의지와 상관없이 절로 뛰듯
다만 은혜로
삶은 온통 살아지는 것이다

서로 사랑하라

하나님이 우리에게 서로 사랑하라 하신 것은
우리에게 사랑이 없거나 부족해서가 아닙니다

돈 없는 사람이 돈 없는 사람을 도울 수 없듯
사랑이 없는 사람은 사랑을 줄 수 없습니다

하나님이 우리에게 서로 사랑하라 하신 것은
이미 우리가 예수 사랑 안에 있기 때문입니다

목사 김남규

나의 허물이 70일 때
그는 항상 나의 허물을
100으로 덮어주었고

나의 자랑이 10일 때
그는 항상 나의 자랑을
100으로 기뻐하였다

예수님 또한 그렇다

하나님의 밥상

지금의 현실은
하나님이 나를 위해
정성껏 차려놓은
최고의 밥상이다

졸지도 않고
주무시지도 않고
눈앞에 펼쳐놓은
진수성찬이다

하나님과
싸우는 인간만큼
최고로 어리석은
인간은 없다

눈앞의 현실을
감사로 받아들임이

하나님의 선하심을
맛보는 믿음이다

복된 인생

가장 맛있는 밥은
지금 입안에 있는 밥이고

가장 아름다운 소리는
지금 귓가에 들려오는 소리이고

가장 멋스런 풍경은
지금 눈앞에 펼쳐진 풍경이고

가장 소중한 마음은
지금 있는 그대로의 마음이고

가장 그리운 사람은
지금 곁에 있는 사람이다

은혜의 곳간

그대가 진실로 예수를 믿는다면
빵은 구걸할지라도 은혜는 구걸하지 말라

진실로 예수를 믿는 그대의 삶은
빵은 바닥날지라도 은혜는 바닥나지 않는다

연습

저녁이면
집으로 돌아와
아침에 입은 옷을
정갈하게
벗어놓는 일은

그날을 위한
거룩한 연습이다

하나님이
손수 지어주신
육신의 옷 또한
기꺼이 웃으며
벗어놓으려는

그날을 위한
거룩한 연습이다

착각

사단의 강력한 무기는
총이나 돈이 아니라 착각이다

그 누구도 대적할 수 없는
예수의 힘과 방패를 가졌으면서도

약한 자라고 착각하게 함으로
평안을 잃고 두려움에 살게 하고

그 무엇과도 바꿀 수 없는
예수의 보화와 영광을 가졌으면서도

가난한 자라고 착각하게 함으로
부요를 잃고 누추하게 살게 한다

사단의 간교한 무기는
마음과 생각을 뒤트는 착각이다

믿음의 방주

진흙으로 지은 믿음의 방주는
결코 세상 유혹의 강물을 건널 수 없다
세상의 재미와 즐거움을 만나면
그 믿음은 흔적 없이 슬슬 사라져버린다

나무로 지은 믿음의 방주는
결코 세상 환란의 불바다를 건널 수 없다
세상의 고난과 박해를 만나면
그 믿음은 한 줌의 재로 활활 타버린다

황금으로 지은 믿음의 방주는
결코 세상 욕망의 용광로를 건널 수 없다
세상의 재물과 권세를 만나면
그 믿음은 끓는 화염에 펄펄 녹아버린다

오늘을 사는 노아의 후예들이여
믿음의 방주를 짓거들랑 사라지고 타버리고

녹아버리는 진흙으로도 말고
나무로도 말고 황금으로도 짓지 말라

세상의 유혹과 세상의 환란과
세상의 욕망을 능히 견디고 끝내 이겨내는
믿음의 방주는 이미 예수 안에 지어졌나니
순전한 믿음에 나의 생각을 덧대지 말라

행복

생각으로부터 자유하는
지금 이 순간은

후회하는 어제도 없고
걱정하는 내일도 없다

늘 변함없이 오! 늘인
지금 이 순간은

무엇 하나 바랄 것 없는
행복의 다른 이름이다

참사랑

누군가 오른뺨을 때리거든
섣불리 왼뺨을 돌려대지 마십시오

섣불리 왼뺨을 돌려대지 말고
있는 사실 그대로를 고백하십시오

당신은 나입니다
당신은 나입니다

참사랑은 나의 행함에 있지 않고
진리 안에 있기 때문입니다

만남의 은혜

인생길 가는 동안
생명 되신 주님과의 만남이 은혜라면

나를 있게 한 아버지와 어머니의 만남도 은혜요
아버지를 있게 한
할아버지와 할머니의 만남도 은혜요
어머니를 있게 한
외할아버지와 외할머니의 만남도 은혜로다

인생길 가는 동안
생명 되신 주님과의 만남이 은혜라면

밤하늘의 반짝이는 별빛과의 만남도 은혜요
나의 두 뺨을 부드럽게 어루만지는
솔바람과의 만남도 은혜요
내 귓가에
잠잠히 들려오는 풀벌레 소리도 은혜로다

인생길 가는 동안
생명 되신 주님과의 만남이 은혜라면

그대,
영원한 나의 생명
세상이 어찌할 수 없는 참사랑
주님의 몸 된 교회인 그대를 만남이
은혜 중 은혜로다

숫자와 나

오늘날 그리스도인까지도
숫자와 나를 동일시합니다

내 몸의 무게를 나로 여기고
내 통장의 금액을 나로 여기고
내 집의 평수를 나로 여기고
내 차의 가격을 나로 여기고

그러나 늘 변하고 사라지는
숫자는 진정 내가 아닙니다

변하지 않고 영원한 나는
예수 안에 있는 생명입니다

부요한 신앙

세상에서 가장 부요한 사람은
가장 많은 것을 가진 사람이 아니라
지금의 가진 것 그대로 만족함으로
바랄 것 하나 없는 사람입니다

세상에서 가장 부요한 신앙은
하나님 앞에 더는 바랄 것 하나 없는
오직 하나님 한 분만으로 기뻐하는
마음이 가난한 신앙입니다

보물창고

당신에게 소중한 보물이 있다면
금고에 넣지 말고 마음에 보관하라

세상의 하나뿐인 값진 보물이라도
당신 마음에 담지 못하는 것이라면
그것은 당신의 보물이 아닌 것이다

마음이 아닌 마음 밖에 있는 보물은
세월의 벌레가 좀먹어 썩어질진대
사라지는 게 어찌 보물이 되겠는가

지금 당신의 진짜 보물은 무엇이며
진정 마음에 담을 수 있는 것인가

눈과 귀

당신의 교회 성도 가운데
마음 다해 봉사하는 사람이 있거들랑
그를 정중히 집으로 초대해
극진히 식사를 대접하라

하나님의 눈에는
그의 신실한 봉사가 다를 바 하나 없는
바로 당신의 봉사로
확연히 보이기 때문이다

당신의 교회 성도 가운데
열심으로 기도하는 사람이 있거들랑
그에게 값진 선물을 들고 찾아가
진심으로 고마움을 전하라

하나님의 귀에는
그의 거룩한 기도가 다를 바 하나 없는

바로 당신의 기도로
또렷이 들리기 때문이다

주님의 몸 된 지체들이여
서로 사랑하되 당신과 함께하는 성도를
결코 둘이 아닌 한 생명으로 묶으신
하나님의 눈과 귀로 사랑하라

은혜와 평강

주님의 은혜는 평강으로 온다

우리의 힘으로 얻을 수도 없고

우리의 힘으로 잃을 수도 없는

주님의 은혜는 평강으로 온다

분리감

회개는 자기 허물을 보는 것이다

이미 예수 그리스도 안에 있으면서
이미 은혜와 사랑 가운데 있으면서

자꾸 예수 그리스도 밖에 있다는
자꾸 은혜와 사랑에서 단절됐다는

어리석고도 쓸데없는 그 분리감
신자의 결정적 허물인 그 분리감

회개는 자기 허물을 보는 것이다

생명 신앙

우리 주 예수께서 십자가에 달려 죽으신 것은
나를 위해 죽으신 것이 아니요
우리 주 예수께서 삼 일 만에 부활하신 것도
나를 위해 다시 살아나신 것이 아니다

우리 주 예수께서 십자가에 달려 죽으신 것은
나를 끌어안고 나와 함께 죽으신 것이요
우리 주 예수께서 삼 일 만에 부활하신 것도
나를 끌어안고 나와 함께 살아나신 것이다

우리 주 예수의 죽음이 곧 나의 죽음이요
우리 주 예수의 부활이 곧 나의 부활이다
죄와 사망에서 나를 살리는 생명 신앙은
예수와 하나 되어 예수 생명이 되는 것이다

나는 생각을 믿지 않습니다

나는 하나님 아버지를 믿기보다는
하나님 아버지에 대한 나의 생각을 믿었습니다

나는 예수 그리스도를 찬양하기보다는
예수 그리스도에 대한 나의 감정을 찬양하였습니다

나는 보혜사 성령을 갈구하기보다는
보혜사 성령에 대한 나의 느낌을 갈구하였습니다

나는 진리의 말씀을 따르기보다는
진리의 말씀에 대한 나의 이해를 따랐습니다

오, 주님이시여! 주님을 사랑하기보다는
나의 마음을 사랑했던 어리석음을 용서하소서

어둔 마음을 찢고 엎드려 눈물로 참회하오니
다시는 생각을 믿지 않도록 지혜를 주옵소서

하루에도 수백 번 수만 번 변하는 생각이 아닌
영원한 지금, 주님 사랑 안에 머물게 하소서

제 2부

생각의 종

생각이 기뻐하면 기뻐하고
생각이 슬퍼하면 슬퍼하고

생각이 사랑하면 사랑하고
생각이 미워하면 미워하고

생각이 후회하면 후회하고
생각이 걱정하면 걱정하고
.
.
.
.
오늘 당신은 누구의 종인가
생각을 믿지 말고 자유하라

은혜의 바다

하나님의 은혜가
물이 가득한 바다와 같다면
이 땅의 모든 그리스도인은
바다 속에 깊이 잠긴
질그릇과 같다

큰 그릇이든 작은 그릇이든
상처 난 그릇이든 깨진 그릇이든
바다 속에 잠긴 모든 그릇은
각자의 모양 그대로
은혜의 물은 충만하다

소풍

세상 사람들은
날마다 일하는 자다
마음 편히
하루도 쉬지 못하는
노예의 삶이다

그리스도인은
날마다 안식하는 자다
예수 안에서
모든 짐을 내려놓는
자유의 삶이다

그러므로
믿음의 사람은
매일매일이 소풍이다
감사와 기쁨이 넘쳐나는
즐거운 소풍이다

한 생각

항상 기뻐하고 범사에 감사하는 삶은
지금 이 순간 현존하는 자신의 모습과 형편을
좋아하거나 싫어하거나 무시 외면하지 않고
한 생각 없이 있는 그대로 받아들임에 있다

내가 못나고 한심하다는 것도 한 생각이요
내가 부족하고 누추하다는 것도 한 생각일 뿐
비교하고 분별하는 이놈의 에덴의 선악과,
한 생각만 십자가 앞에 내려놓을 수 있다면

날마다 우리는
구하지 않아도 늘 부족함이 없는 자요

애써 수고하지 않아도
늘 성령의 열매로 충만한 자인 것이다

그래도 새사람

예수를 믿는다는 것은
단순히 죄만 용서를 받는 게 아닙니다

예수를 믿는다는 것은
예수와 함께 죽고 예수와 함께 살아남으로
이제는 예수 밖에 있는 옛사람이 아니라
영원히 예수 안에 있는
새사람으로 거듭나는 것입니다

그러므로 예수를 믿는 자는
오직 예수 안에서 오직 은혜로만 살아가는
더는 예수 밖에
은혜 밖에 있을 수 없는 새사람입니다

더러 자신을 예수 밖에 있는
은혜 밖에 있는 옛사람이라고 착각하는
오직
새사람만 있을 뿐입니다

순례자

그리스도인은
집을 떠난 순례자다

이 땅의 집으로부터가 아니라

이 세상과 부모와 자녀
그리고 소유물을
자기 자신과 동일시하는
그 거짓된 생각

그 생각의 집으로부터
길을 떠난 자다

황금률

자유하고 싶거든
먼저 다른 사람들에게 자유를 주어라

다른 사람들이 맘껏
당신을 판단할 수 있는 자유를 주어라

그리하면 당신은
다른 사람들의 말로부터 자유하리라

허깨비 옛사람

죄 아래 옛사람으로 태어난 우리는 예수를 믿은 후 성령으로 거듭나 새사람이 되었다 새사람이 된 우리는 다만 새사람으로 살아갈 뿐 죄를 짓는다 해도 다시 옛사람이 될 수는 없다

그럼에도 우리는 십자가에서 죽은 옛사람을 한사코 나로 여기며 살아갈 때가 많다 첫째는 사단의 거짓에 속았기 때문이요 둘째는 자신의 욕심에 눈이 멀었기 때문이다

우리의 정체성이 새사람에 있지 않고 이미 십자가에서 죽어 없어진 허깨비 옛사람에 있다고 늘 착각하도록 사단은 여러 모양으로 거짓된 존재감을 드러내어 우리를 미혹한다

새사람 된 우리는 그리스도 안에 있는 나, 곧 그리스도의 몸 된 지체로서만 존재한다 그럼에도 사단은 허깨비 옛사람이 실제 존재라도 하는 것처럼 우리의 욕망을 부

추긴다

내가 옳고 상대는 틀렸고 나는 억울한 피해자고 상대는 나쁜 가해자고 그래서 자기 연민과 자기 집착에 빠지게 하므로 새사람이 가진 한 몸의 사랑에 참여하지 못하게 한다

새사람 된 우리에게 옛사람은 없다 있다면 다만 거짓된 허깨비로 있을 뿐이다 그러므로 거짓 영의 속임수에 속지 말고 한 몸의 지체로서 온전히 사랑 가운데 존재하라

썩어지는 것들에 대하여

우리의 몸과 생각은
생겨나고 늘 변하고 사라진다

몸은 길면 백 년
생각은 찰나로 생겨났다 사라진다

그럼에도 우리의 몸과 생각을
영원한 것인 양 집착한다면

우리의 몸과 생각은
하나님 앞에 우상이 되는 것이다

썩어지는 허망한 것들
썩지 않을 것인 양 붙드는 것은

눈에 보이는 형상이든
마음의 생각이든 우상이 된다

믿음의 위로

예수 그리스도를 구주로 믿는 믿음이
우리 구원의 확실한 근거가 되는 까닭은

아무리 미약하고 보잘것없는
겨자씨 한 알만큼의 작은 믿음일지라도

그 믿음은 나로부터 생겨난 게 아니라
다만 생명의 하나님께로 났기 때문이다

나를 살리는 기도

나를 살리는
예수 생명의 기도는

나의 생각에
하나님의 뜻을 굴복시키는 게 아니라

하나님의 뜻에
나의 생각을 굴복시키는 것이다

외로운 당신에게

너 그리스도의 사람아
어찌하여 외로움에 지쳐 눈물 흘리는가
어찌하여 사람을 찾아 홀로 헤매이는가

너 그리스도의 사람아
사방을 두리번거리는 너의 두 눈을 감고
너의 마음 중에 계신 주님을 바라보아라

지금껏 너를 떠나 본 적 없는 주님을
너로 인해 외롭고 쓸쓸했을 주님의 손을
가만 잡아보아라

너 그리스도의 사람아
사는 날 동안 단 하루도 홀로인 적 없음을
주님께 고백하게 되리라

십자가의 도

죽음의 빛깔이 있다면
어둠이 아니라 밝음이다

죽음을 기억하는 삶은
늘 깨어 해처럼 빛나지만

죽음을 잃어버린 삶은
어둔 밤길처럼 헤매인다

십자가를 가까이 하라
죽음이 삶을 살리리라

내려놓음

결국에는
다 내려놓아야 한다

그대의 소유도 그대의 소중한 사람도
그대의 하나뿐인 목숨도
결국에는
다 내려놓아야 한다

꿈에서 깨어날 때
꿈 속 지푸라기 하나 붙잡을 수 없듯
인생이란 꿈에서 깨어날 때
다 내려놓아야 한다

지혜로운 자 그대여
지금 당장 십자가 앞에 내려놓아라

이 몸뚱이도

허망한 삶이라 여기는 그 생각도
다 내려놓을 때
영생, 곧 모든 것을 얻게 되리라

하나님이 우상이 아닌 까닭

우리가 믿고 따르는 하나님이
우리 뜻대로 조종되는 하나님이거나
우리 기도를 전부 들어주는 하나님이라면
그는 진리의 하나님이 아니라
우상의 하나님인 것이다

그런 거짓 하나님의 본모습은
우리 안에 감춰진 탐욕과 욕망을 부추겨
불구덩이로 끌고 들어가는
거짓 맘몬에 불과하다

우리를 창조하시고
우리를 예수 안에서 구속하신 하나님은
우리의 욕심 가득한 손에 잡히거나
우리의 기도대로 조종당하지 않으심으로
그는 우상의 하나님이 아니라
진리의 하나님인 것이다

그런 참 하나님의 본모습은
우리의 탐심을 끝없이 절망케 하심으로
죄로부터 영원한 생명으로 인도하는
구원의 영이시다

혀를 길들이는 법

숫사자는 길들일 자 있을지라도
세 치 혀는 길들일 자 누구도 없다

진실로 혀를 길들이고 싶거든
진실로 혀를 길들이려 애쓰지 마라

다만 자신이 누구인지를 기억하라
예수 생명이 곧 자신인 걸 자백하라

감나무에 참외 열리는 법 없듯이
예수 마음에 악한 말이 나올 리 없다

한 입에 찬송과 저주가 있는 건
자신이 누구인 줄 모르는 까닭이다

자유의 진리

내가 무언가를 붙잡는 순간
나는 무언가에 즉시 붙잡힌 것이다

진리가 나를 자유케 하는 것은
진리는 내게 붙잡히지 않기 때문이다

하나님을 볼 수 없어
믿을 수 없다는 사람들에게

어떤 이들은
하나님을 볼 수 없기에
믿을 수 없다고 말한다
하지만 생각해 보라

사람은 누구나
눈에 보이는 것이 아니라
눈에 보이지 않는 것을
믿고 따라 산다

눈에 보이지 않는
자기 생각을 따라 살든지
눈에 보이지 않는
하나님 말씀 따라 살든지

사람은 누구나
눈에 보이는 것이 아니라

눈에 보이지 않는 것을
믿고 따라 산다

제물

내가 살아 있을 때는
끝없이 반복해서 다른 사람을
판단하고 정죄함으로
나를 위한 제물로 삼는다

반면, 내가 제물이 되면
내가 예수와 함께 죽을 때에는
다른 사람이 누구든지
다시는 제물로 삼지 않는다

생명의 근원

우상 신앙이 만들어진 것
곧 썩어지는 것을 붙드는 것이라면

생명 신앙은 만들어지지 않는 것
곧 썩지 않는 것을 붙드는 것이다

성경을 믿는 기독교 신앙이
우상 신앙이 아닌 생명 신앙인 것은

오직 창조주 하나님만이
썩지 않는 생명의 근원이기 때문이다

사랑

거룩한 삶은
성도의 교제를 통해
비로소
온전해진다

그날은

주님이
다시 오시는 그날은 언제일까

그날은
아무도 모르나 모두가 알고 있는
감춰져 있으나 드러나 있는
공공연한 비밀의 날이다

주님이
십 년 후에 오실지라도
주님은 지금 이 순간에 오실 것이고

주님이
백 년 후에 오실지라도
주님은 지금 이 순간에 오실 것이고

주님이

천 년 후에 오실지라도
주님은 지금 이 순간에 오실 것이다

주님이
다시 오시는 날을 사모하는 자여
두려워 말고
다만 지금 이 순간에 깨어 있으라

주님이
다시 오시는 그날이 언제이든
오직
지금 이 순간에 오시리라

영광의 그날
어제도 아니고 내일도 아닌
지금 이 순간,
구름 타고 오시리라

제3부

예배와 나

내가 하나님을
나의 영으로 예배하는 것은

몸의 형상을 지닌 몸뚱이가
진짜 내가 아니고

나의 몸 안에 임재한 영이
진짜 나이기 때문이다

가만히

신앙은
가만히 있는 것

잠잠히
십자가를 지는 것

하나님을
온전히 신뢰함으로

예수와
묵묵히 죽는 것

그래서
예수로만 사는 것

신앙은
가만히 있는 것

영광의 그리스도인

우리 그리스도인은
예수의 생명을 가져야 하는 존재가 아니라
이미 예수의 생명을 가진 존재다

우리 그리스도인은
주님의 마음을 품어야 하는 존재가 아니라
이미 주님의 마음을 품은 존재다

우리 그리스도인은
그리스도의 몸이 되어야 하는 존재가 아니라
이미 그리스도의 몸인 존재다

우리 그리스도인은
무엇을 채워야 하는 수고의 존재가 아니라
이미 부족함 없는 은혜의 존재다

거룩한 욕심

이왕 욕심으로 살아갈 바엔
진짜 큰 욕심을 부리면 어떨까요

한 줌의 몸뚱이와 허망한 생각을
나로 여기는, 초라함을 내려놓고

예수를 믿는 모든 성도들을
이 땅의 모든 교회의 지체들을

나로 여기는, 우주를 삼킬 만한
진짜 욕심을 부리면 어떨까요

믿음의 눈

주 안에 있는 형제를
비판하면 안 되는 까닭은

형제의 허물을 정죄하면
옳지 않기 때문이 아니라

비판할 만한 것이 하나도
형제에겐 없기 때문이다

주 안에 있는 형제를
믿음의 눈으로 바라보면

허물 많은 형제 안에
넘쳐나는 은혜를 보리라

참 양식

아무리 훌륭한 목사의 은혜로운 설교라도
일천 편의 설교를 당신의 귀로 듣는다 해도
당신에게 생명의 참 양식이 되지 못합니다

당신의 영혼을 살리는 생명의 참 양식은
강단에서 선포되는 목사의 설교가 아니라
당신의 입술에서 나오는 사랑의 말입니다

둘이 아닌 하나님

예루살렘 성전에 계신 하나님은
간절한 소원이 한 가지 있었어요
우리랑 영원히 함께 사는 거였죠
하지만 우리 마음이 죄로 가득해
하나님은 우리랑 살 수 없었지요

마침내 때가 되어 구주 예수님이
우리 죄를 위해 십자가에서 죽자
마치 답답한 감옥에서 탈출하듯
성전 휘장을 위로부터 찢으시고
우리 마음속으로 달려오셨지요

그런데 우리의 신앙은 어떤가요
온갖 십자가의 고난을 이겨내며
끝내 우리와 동행하는 하나님을
외면한 채 멀리서만 찾으려 하니
하나님 마음이 얼마나 아플까요

오직 하나의 하나님을 믿으면서
자기 밖에서 하나님을 찾는다면
둘의 하나님을 믿는 것과 같지요
예수 안에서 우리에게 찾아오신
하나님은 두나님이 아니랍니다

사랑이 없다면

내가 사람의 방언과 천사의 말을 할지라도 내게 사랑이 없다면, 한 성령 안에서 한 몸의 지체로서가 아니라 너 따로 나 따로 남남의 마음으로 아름다운 말을 한다면 나의 말은 소리 나는 구리와 울리는 꽹과리가 되고

내가 예언하는 능력이 있어 모든 비밀과 모든 지식을 알고 또 산을 옮길 만한 모든 믿음이 있을지라도 내게 사랑이 없다면, 한 성령 안에서 한 몸의 지체로서가 아니라 너 따로 나 따로 남남의 마음으로 예언의 능력과 큰 믿음을 가진다면 나의 능력과 믿음은 아무것도 아니요

내가 내게 있는 모든 것으로 구제하고 또 내 몸을 불사르게 내줄지라도 내게 사랑이 없다면, 한 성령 안에서 한 몸의 지체로서가 아니라 너 따로 나 따로 남남의 마음으로 구제하고 희생한다면 나의 구제와 희생은 아무 유익이 없습니다

사랑은 하나님의 사랑은 내가 너를 위해 남남의 갈라진 마음으로 행하는 자기 의가 아닌 까닭이요 한 성령 안에서 이미 서로가 그리스도의 한 몸의 지체됨을 진실로 아는 일이 사랑의 시작이요 사랑의 끝이요 사랑의 전부인 까닭입니다

속삭임

생각은
영의 속삭임이다

때론 성령의 속삭임이거나
때론 사단의 속삭임이거나

그러므로
생각을 무조건 믿지 말고

늘 깨어 진리의 말씀으로
생각을 분별해야 한다

응답 없는 하나님

우리는 기도할 때마다
하나님께서 우리의 간구를 들어주기를 원한다
반면 하나님의 응답이 없을 때에는
우리를 향한 하나님의 사랑에 의심을 갖는다

그런데 만약 하나님께서 우리 뜻대로
우리의 기도를 빠짐없이 모두 응답해주신다면
우리의 인생은 진실로 행복해질까
기쁨이 넘치는 복된 삶이 될까

아마 우리는
욕심껏 구하여 탐욕의 배를 가득 채울 것이고
그것도 모자라
우리 자신이 하나님의 보좌에 걸터앉아
사단의 앞잡이 노릇으로 인생을 탕진할 게 뻔하다
얼마나 간악하고 추악한 저주인가

우리의 기도를 기뻐 들으시는 하나님께서
진실로 우리의 아버지 하나님이 되시는 까닭은
역설적이게도
우리의 기도에 잘 응답해주시지 않기 때문이다

우리를 진실로 사랑하시는 하나님께서는
우리의 기도에 함부로 응답해 주시지 않으므로
우리 자신이 붙들고 있는 욕심을 내려놓게 하시고
끝내는 우리 자신을 십자가 앞에 포기케 하심으로
우리의 삶이 오직 예수로만 충만케 하신다

그러므로 기도의 사람아
우리의 기도에 응답하시는 하나님께 감사하되
우리의 기도를 외면하시는 하나님께 더욱 감사하자
우리의 기도에 응답하지 않으시므로
우리의 모든 기도에 응답하고 계시는 하나님께
그리하여 우리의 삶을 최고의 삶 되게 하시는
그 미쁘신 사랑을 날마다 찬송하자

가난한 자는 복이 있나니

예수의 제자로 살아가는 일은
자기의 소유를 잃는 게 아니라
사무치게 자기를 잃는 일이다

끝내 잃으려는 그 생각도 잃는
자기가 없는 무소유의 길이다

거짓의 아비

사단은 거짓의 아비다
이름 그대로 거짓이므로 두려움의 대상이 아니다
실제 힘과 능력이
거짓으로 존재하는 종이호랑이에 불과하다

사단은 거짓의 영답게
옛날 에덴에서 아담과 하와에게 그랬던 것처럼
다만 거짓으로 다가와 속삭일 뿐이다
우리의 생각을 거짓으로 미혹해
우리 스스로 욕심과 죄로
실족하게 할 뿐이다

그러므로 그리스도인은
거짓 생각으로 역사하는 사단의 꾀를 믿지 말고
충성스런 파수꾼처럼 늘 깨어 일어나
말씀과 기도의 무기로
마음과 생각을 지켜내야 한다

믿음의 여정

믿음을 추구하되
율법적 틀을 갖지 말라

믿음은 이런 것이라는 절대적 기준과
고정된 잣대를 갖는 순간, 믿음은
철장에 갇힌 사자처럼
기쁨과 생명력을 잃게 된다

믿음이란
살아 있어 규정될 수 없는 것이다

믿음은 하나님과 교제하며
사는 만큼
시간 속에서 알아가고
사는 만큼
세월과 더불어 자라가는 것이다

시기하지 않는 법

신앙은 예수 밖에 있는 나로부터가 아니라
예수 안에 있는 나로부터 시작되어야 한다

죄로 인해 하나님과 분리된 나로부터가 아니라
예수와 함께 죽고 예수와 함께 부활한 나로부터
다시 말해, 언제나 어디서나 예수 안에 있는
한 몸의 지체된 나로부터 시작되어야 한다

이 진리를 아는 사람은 시기를 하지 않는다
도리어 시기 질투는커녕 더욱 함께 기뻐한다
서로가 한 몸의 생명인 것을 알기 때문이다

위대한 계략

그리스도인을 향한
사단의 가장 위대한 계략은 분리감이다

우리와 하나님이
따로 떨어져 있다는 거짓된 분리감은
예나 지금이나
많은 그리스도인이 쉽게 미혹당하는
사단의 계략이다

그 결과
늘 지금 여기 우리와 함께하는
하나님의 은혜와 평강을 누리기보다는
하나님과 따로 떨어져 있는 내가
나로부터 먼 데 있는 하나님을 사랑하려는
헛된 수고로
믿음의 세월을 허비하고 있는 것이다

예수를 믿는 자는
누구나 하나님과 떨어진 나는 없다
하나님 밖에 따로 나는 없다
내가 있다면
오직 하나님 안에 내가 있을 뿐이다

그리스도인의 영적 싸움은
거짓된 분리감을 날마다 죽이는 일이다

자기 부인

예수를 아는 것은
진실로 자기를 아는 일이요

자기를 아는 것은
십자가에서 자기를 잃는 일이요

자기를 잃는 것은
예수와 하나 되는 일이다

진리에 대하여

예수는
굶주린 내게로 와서
내 손의 밥그릇을 걷어찼고
외양간 소마저 채찍질하여
돌아올 수 없는 먼 곳으로
쫓아버렸다

예수는
추수하는 내게로 와서
무르익은 논밭의 곡식을
쑥대밭으로 망가뜨렸고
나의 전부인 외아들마저
끝내 데려갔다

예수는
상한 갈대 같은 내게로 와서
단 하나뿐인

내 목숨마저 꺾어갔다,
그때야 나는
영생의 꽃이 되었다

은혜를 입은 자

죄인 중에 괴수인 걸 고백한 바울은
가장 많은 은혜를 입은 자가 되어서
가장 많은 이들을 사랑하게 되었다

적게 용서 받은 자는 적게 사랑하고
많이 용서 받은 자는 많이 사랑한다

구제에 대하여

오른손이 하는 일을 왼손이 모르게 하라는 주님의 말씀은 구제와 같은 선한 일을 할 때 하나님 앞에서 하는 것이므로 단순히 사람들 몰래 은밀하게 하라는 뜻은 아닐 것이다

아무리 은밀하게 자신의 귀한 것으로 남들을 구제한다 해도 누구보다 자신에게만은 감출 수 없는 게 아닌가 따라서 자신의 마음 깊은 곳에 내가 구제했다는 자기 의가 있을 수밖에 없지 않겠는가

그렇다면 오른손이 하는 일을 왼손이 모르게 하라는 주님의 말씀의 참뜻은 무엇일까 구제와 같은 선한 일을 할 때마다 다른 사람뿐 아니라 자신까지도 모르게 하는 참된 구제의 길은 없을까

참 재미난 사실은 주님의 비유에 그 힌트가 있는 듯하다 오른손과 왼손은 이름만 다를 뿐 나눌 수 없는 한 몸의

지체가 아니던가 오른손이 다치면 왼손이 힘껏 감싸주되 그것을 왼손이 자랑하는 법은 없지 않는가 오른손과 왼손은 한 몸의 생명이기 때문이다

그러므로 오른손과 왼손의 관계처럼 한 몸의 생명 원리에 따라 선한 일이 행해진다면 우리의 구제가 크든 작든 오른손이 하는 일을 결코 왼손이 알 수 없는 참된 은밀한 구제가 될 것이다

부모가 자식에게 매일 밥을 주고 계절마다 옷을 사주는 일이 결코 자랑이 될 수 없듯 구제의 대상이 되는 사람을 진실로 한 몸의 지체로 고백할 때만이 비로소 다른 사람은 물론 자신까지도 모르게 하는 참된 섬김이 될 것이다

영생

영생은 죽어 하늘나라에서 얻는 것이 아니다

지금 여기서 하나님의 생명으로 사는 것이다

몸으로 영생을 살지 못하면 죽어 영생도 없다

은혜로운 설교

세상에서 가장 복되고
가장 은혜로운 설교는

지금 들려오는 설교다

이별의 노래

우리네 인생에서 만남과 이별은 창가에 새 한 마리 날아와 잠시 머물다 떠나는 일처럼 사소한 일입니다 하지만 언제나 늘 낯설어 우리 마음에 슬픔의 흔적이 남습니다

오늘밤 그대 없이 바라보는 밤하늘의 별들은 아직 그리움이 되지 못하고 못자국처럼 상처로 빛납니다 죽음이 없는 당신이기에 슬프지는 않지만 벌써 보고 싶네요

가까이 있으나 떨어져 있으나 아주 멀리 있으나 언제나 주님 안에서 한 몸의 지체됨이 얼마나 위로와 힘이 되는지요 사랑하여 고마운 그대여, 아주 잠깐 안녕!

제**4**부

임마누엘

언제나
지금, 함께하시고

어디서나
여기, 함께하시는

임마누엘
지금 여기의 사랑은

때로는
잊을 수는 있어도

잠시도
잃을 수는 없다

일 없는 자

신자는
따로 할 일이 없는 자다

신자의 일을
예수께서 다 이루셨기 때문이다

그럼에도
굳이 신자의 일이 남아 있다면

예수께서 다 이루신 평안을
기쁨으로 누리는 일이다

저절로

바다에 사는 물고기에게
물은 저절로 주어진 것처럼

하늘을 나는 새들에게
허공은 저절로 주어진 것처럼

천국을 사는 자들에게
은혜는 저절로 주어진 것이다

성도여 맘껏 누려라
은혜를 돈 없이 맘껏 누려라

은혜의 단비

같은 하늘 아래 같은 비가 내려도
사과나무에는 빨강 사과가 열리고
살구나무에는 노랑 살구가 열린다

한 성령의 은혜의 단비가 내려도
성도마다 이 모양 저 모양 아름답게
사랑의 은사는 만 가지로 꽃핀다

어리석음

진리는
우리에게 되라 하지 않고
다만 돌이키라 말하는데

우리는
진리 앞에 돌이키지 않고
다만 뭔가 되려고만 한다

생명의 삶

예배보다
예배 이후가 더 예배적이어야 하고

찬양보다
찬양 이후가 더 찬양적이어야 하고

기도보다
기도 이후가 더 기도적이어야 하고

봉사보다
봉사 이후가 더 봉사적이어야 하고

충성보다
충성 이후가 더 충성적이어야 한다

고난의 위로

기독교 신앙은 무슨 신비한 능력을 갖는 것도 아니고 주문을 외우면 무엇이든 해결되는 주술 행위도 아니다

예수를 믿는다고 해서 풍랑 이는 바다 위를 걷는 것도 아니고 험한 파도를 잠잠케 하는 능력을 소유하는 일도 아니다

기독교 신앙은 예수를 믿으면 믿을수록 예수의 생명이 주시는 힘으로 인생의 고난의 파도에 당당히 맞서게 한다

그래서 이 땅의 배부름과 신비한 능력과 같은 헛된 것을 구하지 않고 되려 십자가의 고난을 기쁨으로 살게 한다

참다운 용서

그리스도인의 참다운 용서는 형제의 허물을 무작정 참아주는 데 있지 않다 형제의 허물에 대해 오래 참아준다는 것은 자기는 옳고 형제는 틀리다는 자기 의와 시비분별이 전제되어 있기 때문에 언젠가 반드시 화를 불러오게 된다

형제에 대한 참다운 용서는 형제의 허물을 그리스도 예수 안에서 바라볼 때만이 비로소 가능한 것이다 지금도 일흔 번씩 일곱 번이라도 용서하시는 십자가의 넘치는 은혜로 인해 형제의 허물이 조금도 남아 있지 않음을 보기 때문이다

그러므로 그리스도인은 형제의 허물을 볼 때면 무조건 용서하고 참으려 하지 말고 형제의 허물을 기뻐 용서하시는 그리스도 예수의 십자가를 보아야 한다 그리하면 용서할 것이 따로 없음을 알아 다만 사랑 가운데 거하게 될 것이다

나는 누구인가

육의 사람은
눈에 보이는 것을 보고
눈에 보이는 것을 참으로 여기며
눈에 보이는 것을 위해
썩어지는 삶을 살아간다

영의 사람은
눈에 보이지 않는 것을 보고
눈에 보이지 않는 것을 참으로 여기며
눈에 보이지 않는 것을 위해
영원한 삶을 살아간다

거룩한 물음

예수를 믿는 참다운 그리스도인은
날마다 자기에게 물음을 던져야 한다

"예수를 믿는 내가 살아 있느냐?" 하는
가장 근본적인 의문을 품어야 한다

예수를 믿는 내가 여전히 살아 있는 한
믿음의 중심에 닿지 못한 까닭이다

우리에게 생명을 주는 참다운 믿음은
예수 안에 내가 영영 사라지는 일이다

기도의 사람

신자는
기도하는 사람이 아니라 기도의 사람이다

기도는
그리스도인의 인생 그 자체이기 때문이다

양식

내일이 있는 자에겐
걱정 근심만 있고요
지금을 사는 자에겐
기쁨 감사만 있지요

걱정 근심의 양식은
내일과 미래이고요
기쁨 감사의 양식은
지금 이 순간이지요

자리

죄와 사망의 자리는
너와 내가 분리된 자리고

부활 생명의 자리는
너와 내가 하나된 자리다

평안을 주노라

지금 그대가
믿음의 길을 바르게 가고 있는지
진정 예수 안에서 점검하고 싶다면
그대 마음이 평안한지 돌아보라

지금 그대가
예배와 기도와 봉사에 열심일지라도
그대 마음에 평안이 없다면
참된 믿음의 길에서 벗어난 것이다

지금 그대가
고난과 슬픔과 실패 중에 있을지라도
그대 마음이 평안하다면
진정 믿음의 길을 가고 있는 것이다

믿음의 길은
나 홀로 걷는 막막한 길이 아니라

날마다 평안을 주시는 주님과 함께
동행하는 길이기 때문이다

친절하라

당신은
친절한 사람이 되라

하루라도
수천수만 번 찾아와

마음문 두드리는 손님을
반가이 맞으라

기쁨이든 슬픔이든
걱정이든 후회든 외로움이든

시비 분별치 않는
평등의 사람이 되라

그리하면 모든 손님과
좋은 벗 되리라

영적 싸움

그리스도인은 육적 싸움이 아닌 영적 싸움을 하는 자다
다른 사람이 아닌 자기를 십자가에 못 박는 싸움을 하는 자다

영적 싸움은 내가 그리스도와 함께 십자가에서 죽을 때
내 안에 계신 그리스도가 나타나 승리하는 거룩한 싸움이다

내가 싸워 내가 이기는 싸움이 아니라
내가 날마다 십자가에 죽음으로 매순간 부활의 승리를
내 삶에 드러내는 복되고도 아름다운 싸움이다

하나님의 일

사람의 일은 세상 중심에 자기를 놓고
날마다 자기를 주장하며 자기 자존심을 앞세우는 삶이
라면

하나님의 일은 그런 거짓된 자아,
곧 옛사람을 그리스도와 함께 날마다 십자가에 못 박는
삶이다

하나님의 일은 저 멀리 있거나 따로 있는 게 아니라
매일의 삶 속에서 그리스도와 함께 자기 십자가를 지는
데 있다

왜냐하면 그리스도와 함께 죽을 때만이
하나님의 일, 곧 십자가의 영광이 밝히 드러나기 때문이다

바른 신앙

바른 신앙은
내가 무언가를 새롭게 이루거나
내가 새롭게 되는 게 아니라
진정으로 내가
누구인지를 잊지 않는 것이다

그에 반해 잘못된 신앙은
자꾸 내가
무언가를 새롭게 이루려 하고
자꾸 내가
무언가 새롭게 되려고 한다

기독교 신앙은
내가 늘 그리스도 안에 있음을
까먹지 않는 것,
그래서 늘 이 진리 앞에
매순간 깨어 자유하는 것이다

금송아지를 만드는 자들에게

생각의 노예들아
감각을 좇는 쾌락주의자들아
싸구려 황홀감에 영원한 생명을 파는 자들아
감각이 번개처럼 생겨났다
꿈처럼 아침 이슬처럼 사라진 마음자리에
허기와 실망과 절망과 불안이
들끓는 자들아
거짓 분별이 조작해내는 종이호랑이 울음소리에
뜻없이 두려움에 굴복하는 자들아
채울 수 없는 욕망으로 허덕이는 자들아
알코올 중독자들이 밤낮 술에 의지하듯
마약 중독자들이 꿈에라도 마약에 목매달 듯
허망한 느낌에 중독된 자들아
눈에 보이지 않는 하늘의 영광을
눈에 보이는 썩어질 땅의 우상으로 바꾸어 붙드는
오 어리석은 자들아
그 옛날 광야의 무지한 이스라엘 백성들처럼

헛된 생각과 허망한 감정과 느낌을 엮어
탐욕이란 이름의 금송아지를 만드는
목이 곧은 자들아
아무리 특별한 영적 체험도
아무 일 없는 평범한 믿음만 못하나니
특별한 것은
반드시 특별하게 영영 사라지나니
언제나 우리와 함께하시는 임마누엘의 하나님,
썩지 아니하시고 보이지 아니하시는 영광의 하나님,
눈으로 볼 수 없어도 모든 것을 보여주시고
귀로 들을 수 없어도 모든 것을 들려주시는
영원한 바로 지금 바로 여기의 하나님,
아무 일 없는 믿음으로
아무 일 없는 일상의 하나님과 동행하라
우리의 모든 것 되시는 하나님과
아무 일 없이 동행하라

짓궂은 물음

하나님의 자녀된 당신은
허깨비인 걱정과 근심을
억지로 붙들고 애씀으로
기도하며 살기 원하는가

아니면 아침 안개와 같이
염려는 허깨비란 걸 알아
하나님이 주신 평안으로
기도 없이 살기 원하는가

지혜의 눈

우리 인생이 힘들고 괴로운 까닭은
이미 지나간 과거에 대한 후회의 무게와
아직 오지 않은 미래에 대한 걱정의 무게로
지금 이 순간 생생하게 살아 있는 삶이
숨 막히도록 짓눌려 있기 때문이다

그러므로 우리 있는 그대로 실상은
후회할 과거도 없고 걱정할 미래도 없음을
지혜의 눈으로 똑똑히 볼 수 있다면
바로 지금 바로 여기에서 빛나는
생명의 삶으로 자유하게 되리라

순례자의 노래

생명이 움터 나를 살리는 믿음은
생각의 집을 떠나온 순례자의 몫이라네

남의 집 살림살이 평생을 닦아도
숟가락 하나 내 살림살이 되지 못하듯

일생 주님을 알고 사랑하는 일이
생각의 일이라면 내 생명 되지 못하네

길 없는 길 믿음의 길 가는 동안
순례자는 어떤 생각에도 머물지 않네

얻을 수도 없고 잃을 수도 없는

1판 1쇄 인쇄 _ 2024년 10월 15일
1판 1쇄 발행 _ 2024년 10월 25일

지은이 _ 김용삼
펴낸이 _ 이형규
펴낸곳 _ 쿰란출판사

주소 _ 서울특별시 종로구 이화장길 6
편집부 _ 745-1007, 745-1301~2, 743-1300
영업부 _ 747-1004, FAX 745-8490
본사평생전화번호 _ 0502-756-1004
홈페이지 _ http://www.qumran.co.kr
E-mail _ qrbooks@daum.net / qrbooks@gmail.com
한글인터넷주소 _ 쿰란, 쿰란출판사
페이스북 _ www.facebook.com/qumranpeople
인스타그램 _ www.instagram.com/qrbooks
등록 _ 제1-670호(1988.2.27)
책임교열 _김유미·강찬휘

ⓒ 김용삼 2024   ISBN 979-11-6143-979-2   03230

책값은 뒤표지에 있습니다.
이 출판물은 저작권법에 의해 보호를 받는 저작물이므로 무단 복제할 수 없습니다.
파본(破本)은 구입처에서 교환해 드립니다.